新山直人の台湾ミンチ極限レシピ74

新山直人

麺屋はなび

KADOKAWA

ごあいさつ

この本を手に取っていただき、ありがとうございます！
麺屋はなびグループ総大将の新山直人です。

2008年8月1日、名古屋市中川区高畑に
【麺屋はなび 高畑本店】を独立開業し、
翌2009年に《元祖台湾まぜそば》を考案しました。
その後各メディアに取り上げていただき、おかげさまで大ヒット。
今ではたくさんのラーメン店や居酒屋などの飲食店、
さらにスーパー、コンビニなどで提供される商品へと成長していきました！

今回は台湾まぜそばの生みの親として
その味の要となる【台湾ミンチ】を最大限に活かした、
簡単でおいしい本格レシピを作りました！

台湾ミンチの特性を理解している僕だからこそ、
作ることができたレシピだと思います。
その辛味とうま味がクセになります。

台湾ミンチを作って、保存しておけば作れるレシピばかりなので
便利で個性的な料理が簡単に作れます！
この本で紹介している料理はもちろん、
ご自身でも、台湾ミンチを使ったオリジナルレシピをぜひ作ってみてください！

新山直人

目次

ごあいさつ …………………………………… 002

Part 1
基本の台湾ミンチを作る …………… 007

台湾ミンチ …………………………………… 008
鶏塩台湾ミンチ ……………………………… 010
保存方法 ……………………………………… 012
台湾まぜそばのタレ ………………………… 013
「麺屋はなび」はこんな店です …………… 014

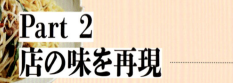

Part 2
店の味を再現 ………………………… 015

「麺屋はなび」の台湾まぜそば …………… 016
「麺屋はなび」のカレー台湾まぜそば …… 018
「チャーラー飯店」の汁なし台湾 ………… 019
「元祖台湾カレー」の台湾カレー ………… 020
「チャーラー飯店」のトロ卵台湾 ………… 022

Part 3
台湾ミンチでおかず ………………… 023

台湾餃子 ……………………………………… 024
コロコロじゃがいもの台湾ミンチ炒め …… 026
大根の鶏塩台湾ミンチ煮込み ……………… 027
鶏塩台湾ミンチと枝豆の炒め物 …………… 028
セロリの鶏塩台湾ミンチ炒め ……………… 030
鶏塩台湾エッグ ……………………………… 031
麻婆豆腐（黒） ……………………………… 032
麻婆豆腐（白） ……………………………… 033
鶏肉と白菜の鶏塩台湾鍋 …………………… 034
チンジャオ台湾 ……………………………… 036
キャベツの鶏塩台湾レモン炒め …………… 037
鶏塩台湾アジアンサラダ …………………… 038
台湾コロッケ ………………………………… 039
青菜炒め ……………………………………… 040
長いもの鶏塩台湾カレー炒め ……………… 042
豆苗の鶏塩台湾炒め ………………………… 043
鶏塩台湾しりしり …………………………… 044
台湾お好み焼き ……………………………… 045
台湾だし巻き卵 ……………………………… 046
なすの台湾みそ炒め ………………………… 047
台湾きのこパングラタン …………………… 048

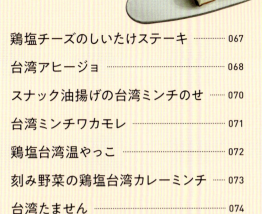

鶏塩台湾アボカドパングラタン ……… 049
台湾みそチーズじゃんじゃん ……… 050
鶏塩台湾とろとろ春巻き ……… 051

Column
台湾ミンチで簡単アレンジ ……… 052
新山流 寿がきやみそ煮込うどん ……… 052
サッポロ一番台湾らーめん ……… 053
台湾ピザ ……… 054

鶏塩チーズのしいたけステーキ ……… 067
台湾アヒージョ ……… 068
スナック油揚げの台湾ミンチのせ ……… 070
台湾ミンチワカモレ ……… 071
鶏塩台湾温やっこ ……… 072
刻み野菜の鶏塩台湾カレーミンチ ……… 073
台湾たません ……… 074

Part 4
台湾ミンチで
おつまみ ……… 055

ヘルシー担々えのき ……… 056
台湾もやしナムル ……… 058
台湾ニラもやし ……… 059
焼きなすの台湾ミンチのせ ……… 060
半熟ゆで卵マヨ台湾がけ ……… 061
台湾ミンチトマトディップ ……… 062
鶏塩台湾じゃがバター ……… 063
台湾やっこ ……… 064
万能ねぎの鶏塩台湾グリル ……… 066

Part 5
台湾ミンチで
ご飯 ……… 075

台湾オムライス ……… 076
台湾チャーハン ……… 078
鶏塩台湾バジルチャーハン ……… 079
台湾まぜめし ……… 080
台湾雑炊 ……… 082
鶏塩台湾豆乳リゾット ……… 083
台湾天津飯 ……… 084
鶏塩大葉あんの天津飯 ……… 085
くずし豆腐の台湾丼 ……… 086
台湾キムパ ……… 088

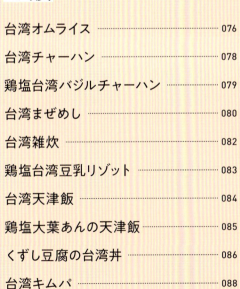

鶏塩台湾マヨおにぎり	089	台湾アラビアータ	101
鶏塩台湾親子丼	090	台湾スパゲッチ	102
		台湾焼きそば	104

Part 6
台湾ミンチで麺 — 091

台湾担々麺	092
鶏塩そうめんチャンプルー	094
鶏塩台湾のきのこクリームパスタ	095
台湾鉄板ナポリタン	096
鶏塩台湾バジリコスパゲッティ	098
鶏塩台湾皿うどん	100

Part 7
台湾ミンチでサンド — 105

ホットサンド台湾チーズ	106
台湾バターフライサンド	108
台湾ポテトサンド	109
台湾ドッグ	110
鶏塩台湾ラップサンド	111

この本のレシピについて

- 大さじ＝15㎖、小さじ＝5㎖です。
- 卵はMサイズを使用しています。
- 調理時間は目安です。コンロの火力、電子レンジやオーブントースター、魚焼きグリルの加熱時間はメーカーにより異なりますので、様子を見ながら調理時間や火加減を調整してください。
- 野菜を洗う、皮をむく、種やヘタを除くなどの工程の記載は省いています。また、野菜の切り方は、基本的に材料の後ろに括弧書きで記しています。
- 合わせ調味料の「湯」は「水」で代用も可能ですが、湯を用いてしっかり溶かし込む方が、調味料がまんべんなくいきわたります。
- 台湾ミンチ(P8)、鶏塩台湾ミンチ(P10)、台湾まぜそばのタレ(P13)の保存期間は目安です。季節や保存方法により異なるので状況に応じて判断してください。

STAFF

撮影＝山内亮二
スタイリング／フードコーディネート＝西尾樹里（Oisy!!）
アートディレクション＝細山田光宣
デザイン＝鎌内文（細山田デザイン事務所）
取材・原稿＝岸上佳緒里
校閲＝鷗来堂
DTP＝新野亨
編集＝折笠隆（KADOKAWA）
調理協力＝吉良真美子

Part 1
基本の台湾ミンチを作る

麺屋はなびの味を家にある調味料で簡単再現！
作り置いていろいろな料理にアレンジしよう。

台湾ミンチ

店の味より辛味を抑えてアレンジしやすく

材料(でき上がり量約360g)

豚ひき肉	300g
サラダ油	大さじ7
にんにく（粗みじん切り）	50g
鷹の爪（粗挽き・種入り）	7g

A
湯	200mℓ
醤油、酒、みりん	各大さじ2
鶏ガラスープの素	大さじ1と小さじ½
うま味調味料	小さじ½

※直径24cmの鉄のフライパンを使用。

基本の台湾ミンチを作る

❶ フライパンにサラダ油、にんにくを中火で熱し、1〜2分炒める。香りが立ったら鷹の爪を加え、油にしっかりなじませてよく混ぜながら炒める。鷹の爪が少し焦げ始めるくらいまでが目安。

❷ 豚肉を加え、肉がぽろぽろになるまでほぐしながら炒める。

❸ 肉に火が通ったら混ぜたAを加えて強火にし、焦げ付かないように時々混ぜながら6〜7分煮る。アクはうま味になるので、取り除かず、そのまま煮てOK。

❹ 汁けがほとんどなくなったら完成。木べらでフライパンの肉を寄せたときに、汁けがなく、ジワジワとラー油が染み出てくるくらいが目安。

❺ 保存容器に移し、ミンチが空気に接しないように、ぴったりと落としラップをする。
※保存方法・使用方法はP12を参照。

ひき肉は赤身より脂身が多いものを選んでください。鷹の爪は種入りの粗挽きを使うことで、種からもうま味・辛味が抽出できます。ホールの鷹の爪を種ごと包丁で刻んだり、フードプロセッサーで砕いたりしたものでもOKです。

009

鶏塩台湾ミンチ

台湾ミンチよりマイルドな辛味の塩だれミンチ

材料(でき上がり量約380g)

- 鶏ひき肉(もも) ······ 300g
- サラダ油 ······ 大さじ7
- にんにく(粗みじん切り) ······ 50g
- しょうが(みじん切り) ······ 大さじ1
- 鷹の爪(粗挽き・種入り) ······ 7g
- 粗塩 ······ 6g
- A
  - 湯 ······ 200㎖
  - 酒、みりん ······ 各大さじ1
  - 砂糖、鶏ガラスープの素 ······ 各小さじ2

※直径24cmの鉄のフライパンを使用。

基本の台湾ミンチを作る

① フライパンにサラダ油、にんにく、しょうがを中火で熱し、1〜2分炒める。香りが立ったら鷹の爪を加え、油にしっかりなじませてよく混ぜながら炒める。鷹の爪が少し焦げ始めるくらいまでが目安。

② 鶏肉を加え、ほぐしながら炒める。

③ 肉がぽろぽろになったら、塩を加えてさっと炒め合わせる。

④ 混ぜたAを加えて強火にし、焦げ付かないように時々混ぜながら6〜7分煮る。アクはうま味になるので、取り除かず、そのまま煮てOK。

⑤ 汁けがほとんどなくなったら完成。木べらでフライパンの肉を寄せたときに、汁けがなく、ジワジワとラー油が染み出てくるくらいが目安。

⑥ 保存容器に移し、ミンチが空気に接しないように、ぴったりと落としラップをする。
※保存方法・使用方法はP12を参照。

鶏ひき肉は必ず「もも肉」を、塩は「粗塩」を使ってください。もも肉の脂身からのうま味、粗塩のうま味が味の決め手です。

011

保存方法

冷蔵の場合

冷ましたら、落としラップをしたまま保存容器のふたをし、冷蔵庫で保存する。

※冷蔵で4〜5日保存可能。

冷凍の場合

冷ましたら、冷凍用保存袋に入れて平らにならし、空気を抜いて袋を閉じ、冷凍庫で保存する。

※冷凍で約1か月保存可能。

上の写真のように4等分、6等分など、1回に使う分量に合わせて菜箸などで溝を付けてから凍らせると、溝に沿って折ることができ、小分けで取り出しやすくなる。

使い方

冷蔵・冷凍どちらの場合も、電子レンジで様子を見ながら加熱して、油分を溶かし、全体を混ぜてから使う。

台湾ミンチは、ご飯にかけるだけでも立派なご馳走になります。白いご飯に台湾ミンチ、長ねぎ、生卵をのせた「台湾TKG」は新山の好物です。

基本の台湾ミンチを作る

台湾まぜそばのタレ
まぜそばの味のベースはコレ！

材料（作りやすい分量）

醤油、みりん、水	各50ml
にんにく（つぶす）	2片分
しょうが（薄切り）	1枚
和風だしの素	小さじ2
鶏ガラスープの素	小さじ1
長ねぎ（青い部分）	15cm

煮詰まらないように、絶対に沸騰させないことが大切！ 炒め物や丼のタレにしてもおいしいですよ。

❶ 小鍋にすべての材料を入れて中火にかける。長ねぎはちぎって加えると香りが移りやすくなる。

❷ 湯気が出るくらいまで温まったら火を止める（沸騰させない）。

❸ 保存容器に入れて粗熱をとる。

※保存方法　保存容器に入れてふたをし、冷蔵で約7日保存可能。

「麺屋はなび」はこんな店です

著者が手掛ける「麺屋はなび」は2008年、
名古屋市中川区に1号店（高畑本店）を開店しました。
その名を全国に知らしめたのが「元祖台湾まぜそば」。
ピリ辛の台湾ミンチを極太麺にのせ、
生の刻みニラ・ねぎ、魚粉、卵黄などをかきまぜて味わう
まぜそば（汁なし麺）です。
そのやみつきになる味わいが全国的に大ヒット。

さらに「台湾まぜそばはなび」「元祖台湾カレー」
「チャーラー飯店」「今池飯店」など
系列の店舗や新規ブランドも増え
現在では国内外に120店舗以上を展開しています。

HP：https://www.menya-hanabi.com/

台湾まぜそば

高畑本店

チャーラー飯店

Part 2
店の味を再現

麺屋はなびのほか、プロデュースするカレー店や
中華料理店の台湾ミンチメニューを
家で再現！

「麺屋はなび」の台湾まぜそば

全体をよく混ぜてガッツリ喰らう!

材料(1人分)

台湾ミンチ ……………………………… 40g
A 台湾まぜそばのタレ(P13参照)
　　……………………………… 小さじ5
　湯、サラダ油 ……………… 各大さじ1
　鶏ガラスープの素 ………… 小さじ1/4
　白すりごま ………………… 小さじ1
　かつおの削り節 …………… 1袋(約2g)
　塩、こしょう ……………… 各少々
生ラーメン(極太麺) ………… 1玉(約130g)
ニラ(小口切り) ……………… 1〜2本分(15g)
長ねぎ(小口切り) …………… 10cm分(20g)
にんにく(粗みじん切り) …… 小さじ1 1/2
もみ海苔、かつおの削り節 … 各適量
卵黄 …………………………… 1個

作り方

① Aのかつおの削り節は手でもんで細かくし、残りのAの材料とともに器に入れて混ぜる。

② 生ラーメンは袋の表示通りにゆでてザルにあけ、菜箸で麺をぐるぐる混ぜて粘りを出し、①に加えてあえる。

③ ②の中央に台湾ミンチをのせ、ニラ、長ねぎ、にんにく、海苔、手でもんだかつおの削り節を盛り合わせ、卵黄をのせる。

麺は粘りを出すことが、店の味に近づけるポイントです。麺をザルにあけた状態で、菜箸で麺をぐるぐると混ぜると粘りが出てきます。麺が伸びないよう、手早く力強く混ぜよう。

「麺屋はなび」の
カレー台湾まぜそば

カレー風味のタレと生野菜が合う

台湾ミンチ

カレー台湾まぜそばは、麺をうどんに替えてもウマい！ まぜそばは、丼に残ったタレにご飯を混ぜて食べる"追い飯"もおすすめです。

材料（1人分）

台湾ミンチ ……………………… 40g
A　台湾まぜそばのタレ（P13参照）
　　………………………… 小さじ5
　　湯、サラダ油 ……… 各大さじ1
　　カレー粉、白すりごま
　　………………………… 各小さじ1
　　鶏ガラスープの素 … 小さじ¼
　　かつおの削り節 … 1袋（約2g）
生ラーメン（極太麺）… 1玉（約130g）
ミニトマト（ざく切り）………… 3個分
サニーレタス（細切り）………… 1枚分
玉ねぎ（粗みじん切り）
　　………………………… ⅛個分（25g）
にんにく（粗みじん切り）…… 小さじ1½
卵黄 …………………………………… 1個

作り方

❶ Aのかつおの削り節は手でもんで細かくし、残りのAの材料とともに器に入れて混ぜる。

❷ 生ラーメンは袋の表示通りにゆでてザルにあけ、菜箸で麺をぐるぐる混ぜて粘りを出し、❶に加えてあえる。

❸ ❷の中央に台湾ミンチをのせ、トマト、レタス、玉ねぎ、にんにくを盛り合わせ、卵黄をのせる。

「チャーラー飯店」の汁なし台湾

系列の町中華料理店の人気メニュー

店の味を再現

台湾ミンチ

材料(1人分)

台湾ミンチ ……………………… 40g
A │ 台湾まぜそばのタレ(P13参照)、
　│ 湯 ………………… 各大さじ1
　│ ごま油 ……………… 小さじ1
　│ 鶏ガラスープの素 …… 小さじ¼
　│ こしょう ………… ひとつまみ
生ラーメン(細麺) ……… 1玉(約130g)
B │ もやし ………… ½袋(100g)
　│ ニラ(ざく切り) ………… 2本分
　│ 台湾まぜそばのタレ(P13参照)、
　│ にんにく(みじん切り)
　│ ………………… 各小さじ1
　│ しょうが(みじん切り)… 小さじ½
サラダ油 ………………… 大さじ1

作り方

❶ 器にAを混ぜる。

❷ 生ラーメンは熱湯で袋の表示より30秒〜1分短くゆでて湯をきり、❶に加えてあえる。

❸ フライパンにサラダ油を中火で熱し、Bと台湾ミンチを炒め、野菜に火が通ったら❷にかける。

「元祖台湾カレー」の台湾カレー

旨辛台湾ミンチとルーが出合った新感覚カレーライス

台湾ミンチ

材料(1人分)

台湾ミンチ	40g
レトルトカレー（市販品）	1袋
温かいご飯	180g
卵黄	1個
にんにく（粗みじん切り）	小さじ1½
キムチ、長ねぎ（小口切り）	各適量

作り方

① レトルトカレーは袋の表示通りに温める。

② 器にご飯、①を盛って台湾ミンチ、卵黄をのせ、にんにく、キムチ、長ねぎを盛り合わせる。

レトルトカレーで手軽に再現しました。具のないサラサラタイプのルーがおすすめ。台湾まぜそば同様、ミンチ、卵黄、ルー、ご飯をよく混ぜて食べよう。

「チャーラー飯店」の
トロ卵台湾

とろとろ卵にミンチをのせたつまみ料理

台湾ミンチ

材料(2人分)

台湾ミンチ ……………………………… 45g
A｜卵 ……………………………………… 2個
　｜砂糖、みりん ……………………… 各小さじ1
　｜醤油 …………………………………… 小さじ1/2
長ねぎ（小口切り）……………………… 適量
サラダ油 ………………………………… 大さじ1

作り方

❶ フライパンにサラダ油を中火で熱し、混ぜたAを流し入れ、半熟のスクランブルエッグに焼いて器に盛る。台湾ミンチをかけ、長ねぎを添える。

Part 3

台湾ミンチで
おかず

餃子や青菜炒めなど王道中華から、コロッケなど
家庭料理までミンチのうま味がいきたおかずです。

台湾餃子
自分で作って、ウマさにうなりました

台湾ミンチ

材料（2〜3人分）

台湾ミンチ................................90g
A｜キャベツ..............................50g
　｜長ねぎ................................15g
　｜にんにく..............................2片
B｜豚ひき肉..............................100g
　｜醤油................................小さじ1
　｜みりん、鶏ガラスープの素
　｜　　　　　　　　　　.............各小さじ2
　｜おろししょうが...............小さじ½弱
　｜ごま油、サラダ油...............各大さじ1
餃子の皮................................23〜26枚
サラダ油................................大さじ1½
【タレ】
すし酢..................................大さじ1
醤油、レモン果汁..................各小さじ1
ごま油....................................少々

作り方

① Aはフードプロセッサーで撹拌してみじん切りにし、水気をしぼる。

② ボウルにBを入れ、白っぽくなるまでよく練り混ぜる。①を加えてよく混ぜ、台湾ミンチを加えてさっと混ぜ合わせる。ラップをかけ、冷蔵庫で約60分ねかす。

③ 餃子の皮に②を等分してのせて包む。

④ フライパンにサラダ油を中火で熱し、③を並べ入れる。パチパチと音がしてきたら湯100ml（分量外）を回し入れてふたをし、強火で約5分蒸し焼きにする。ふたをとり、水分を飛ばしながら皮が色づくまで焼く。器に盛り、タレの材料を混ぜて添える。

材料Bを混ぜる際は、手の甲で押し付けるようにして白っぽくなるまでよく練り混ぜる。

餃子を少し押し付けるように並べてフライパンに接する面を広げ、カリッと焼き上げよう。よく焼くことで皮の塩味が出て味が完成します。下味がしっかりしているので、タレは酢+こしょうだけでもウマいですよ。

台湾ミンチで おかず

025

コロコロじゃがいもの台湾ミンチ炒め

台湾ミンチ

スプーンでミンチと野菜を一緒に食べよう

材料(2人分)

台湾ミンチ	65g
じゃがいも	2個（300g）
しめじ	½パック（100g）
醤油、みりん	各小さじ2
万能ねぎ（小口切り）	適量
サラダ油	大さじ1

作り方

❶ じゃがいもは皮を除いて2cmの角切りにし、耐熱ボウルに入れてラップをかけ、600Wの電子レンジで3〜4分加熱して水気をきる。しめじは石づきを除いて長さを半分に切る。

❷ フライパンにサラダ油を中火で熱し、❶のじゃがいもを表面がカリッとするまで炒める。

❸ しめじを加えて炒め、しめじに火が通ったら醤油、みりんを加えて強火にし、さっと炒める。台湾ミンチを加えて炒め合わせ、器に盛り、万能ねぎを散らす。

じゃがいもは香ばしく焼き付けると風味がアップします。

大根の鶏塩台湾ミンチ煮込み

大根の甘味が引き立つ優しい煮物

材料(2人分)

鶏塩台湾ミンチ	90g
大根	15cm
A 湯	200ml
鶏ガラスープの素	小さじ1½
おろししょうが	少々
長ねぎ(斜め薄切り)	3cm分
水溶き片栗粉(片栗粉、水各小さじ2)	

作り方

❶ 大根は皮を除いてピーラーで縦の帯状にそぎ、熱湯でさっとゆでて湯をきる。

❷ 小鍋にA、❶と鶏塩台湾ミンチ、長ねぎを入れて中火にかけ、フツフツとしたら水溶き片栗粉を加える。とろみがついたら強火にして約1分煮る。好みで酢を少々かけても。

とろみはしっかり加熱することで安定します。水溶き片栗粉を加えてとろみがついてきたら、強火にして約1分煮ましょう。とろみをつけるほかの料理にも共通するポイントです。

鶏塩台湾ミンチと枝豆の炒め物

ミンチと炒め合わせるだけで完成！

鶏塩ミンチ

材料(2人分)

鶏塩台湾ミンチ	60g
長ねぎ	10cm
赤パプリカ	½個
きくらげ	2個
くるみ	15g
冷凍枝豆（解凍してさやから出したもの）	100g
塩、こしょう	各少々
サラダ油	小さじ2

作り方

1. 長ねぎは縦半分に切ってから、1.5cm長さに切る。パプリカは1.5cm四方に切る。きくらげはざく切りにする。くるみは乾煎りする。

2. フライパンにサラダ油を中火で熱し、枝豆、長ねぎ、パプリカ、きくらげを炒める。野菜に火が通ったら鶏塩台湾ミンチを加えて炒め合わせ、塩、こしょうで味をととのえる。器に盛り、くるみを散らす。

台湾ミンチで **おかず**

セロリの鶏塩台湾ミンチ炒め

ナンプラー香るエスニック炒め

材料(2人分)

鶏塩台湾ミンチ	60g
セロリ	1本
赤パプリカ、黄パプリカ	各1個
長ねぎ（みじん切り）	大さじ1
塩、こしょう	各少々
ナンプラー	小さじ1
サラダ油	大さじ1

作り方

❶ セロリは1cm角に、パプリカは1cm四方に切る。

❷ フライパンにサラダ油と長ねぎを中火で熱し、香りが立ったら❶、塩、こしょうを加えて炒める。セロリが透き通ったら鶏塩台湾ミンチ、ナンプラーを加えてさっと炒め合わせる。器に盛り、好みでパクチーのざく切りを添える。

鶏塩台湾エッグ
さっぱりした大葉の風味が塩味に合う

鶏塩ミンチ

材料(2人分)

鶏塩台湾ミンチ	50g
A 大葉（みじん切り）	16枚分
卵	4個
酒	小さじ2
塩	少々
かつおの削り節	適量
サラダ油	大さじ1½

作り方

❶ フライパンにサラダ油を中火で熱し、混ぜたAを流し入れて半熟のスクランブルエッグに焼き、器に盛る。鶏塩台湾ミンチ、かつおの削り節を順にのせる。

麻婆豆腐（黒）
辛味がきいた台湾ミンチで手軽に四川風

台湾ミンチ

材料(2人分)

台湾ミンチ	60g
木綿豆腐	½丁（約180g）
にんにく（粗みじん切り）	大さじ1
しょうが（みじん切り）	小さじ1
A 湯	200㎖
砂糖、鶏ガラスープの素、豆板醤	各小さじ1½
うま味調味料	小さじ½
塩	少々
水溶き片栗粉（片栗粉、水各小さじ2）	
ごま油	小さじ1
花椒（あれば）、長ねぎ（みじん切り）、	
粗挽き黒こしょう	各適量
サラダ油	大さじ1

作り方

❶ 豆腐は1cm角に切る。

❷ フライパンにサラダ油、にんにく、しょうがを中火で熱し、香りが立ったら台湾ミンチ、Aを加えて煮る。煮立ったら❶を加え、再び煮立ったら、さらに約1分30秒煮る。

❸ 水溶き片栗粉を加え、とろみがついたら強火にし、約1分煮て、ごま油を回し入れる。器に盛り、花椒、長ねぎ、黒こしょうを散らす。

麻婆豆腐 (白)
マイルドな辛味が好みなら鶏塩台湾ミンチで！

材料(2人分)

- 鶏塩台湾ミンチ ……………………… 60g
- 木綿豆腐 …………………… ½丁(約180g)
- むきエビ ……………………………… 5尾
- 長ねぎ(みじん切り) ………………… 8cm分
- しょうが(みじん切り) ……………… 小さじ1
- A
  - 湯 ………………………………… 200mℓ
  - 酒 ………………………………… 小さじ2
  - 鶏ガラスープの素 ……………… 小さじ1
  - うま味調味料 …………………… 小さじ⅓
  - 塩 ………………………………… 小さじ¼
- 水溶き片栗粉(片栗粉、水各小さじ2)
- 三つ葉、カシューナッツ …………… 各適量
- サラダ油 ……………………………… 大さじ1

作り方

❶ 豆腐は1cm角に切る。エビは背ワタを除いて半分にちぎる。

❷ フライパンにサラダ油、長ねぎ、しょうがを中火で熱し、香りが立ったら鶏塩台湾ミンチ、Aを加えて煮る。煮立ったら❶を加え、再び煮立ったら、さらに約1分30秒煮る。

❸ 水溶き片栗粉を加え、とろみがついたら強火にし、約1分煮る。器に盛り、三つ葉を添えて刻んだカシューナッツを散らす。

鶏肉と白菜の鶏塩台湾鍋

ミンチともも肉のW使いで鶏肉のうま味が凝縮

鶏塩ミンチ

台湾ミンチで **おかず**

材料（2〜3人分）

鶏塩台湾ミンチ	75g
しいたけ	3個
鶏もも肉	250g
A　水	400㎖
しょうが（薄切り）	2枚
鶏ガラスープの素	小さじ2
白菜（ざく切り）	250g
長ねぎ（斜め切り）	15cm
にんじん（薄切り）	3切れ

作り方

❶ しいたけは軸を除いてかさに十字に切り込みを入れる。

❷ 鶏もも肉はぶつ切りにし、熱湯でさっと下ゆでして湯をきる。

❸ 鍋にAを混ぜ、❷とすべての野菜を加え、ふたをして中火で鶏肉に火が通るまで煮る。ふたをとり、鶏塩台湾ミンチをのせ、さっと煮る。

鍋のシメは、ラーメンかおじゃがおすすめです。

チンジャオ台湾

中華の王道も台湾ミンチを使えば即席です

材料(2人分)

台湾ミンチ･････････････････････････ 60g
長ねぎ（みじん切り）、しょうが（みじん切り）
･･････････････････････････････････ 各小さじ1
たけのこ（水煮・細切り）････････････ 70g
ピーマン（細切り）････････････････････ 2個分
A｜醤油、みりん････････････････････ 各小さじ1
　｜ごま油、鶏ガラスープの素･･･ 各小さじ½
サラダ油････････････････････････････ 小さじ2

作り方

❶ フライパンにサラダ油、長ねぎ、しょうがを中火で熱する。香りが立ったらたけのこ、ピーマン、台湾ミンチを加えてさっと混ぜ、Aを加えて1分〜1分30秒炒める。

台湾ミンチで おかず

キャベツの鶏塩台湾レモン炒め

レモンの酸味でさっぱりさわやか

鶏塩ミンチ

材料(2人分)

鶏塩台湾ミンチ	90g
にんにく（粗みじん切り）	2片分
キャベツ（ざく切り）	150g
酒	大さじ1
塩	ひとつまみ
こしょう	少々
レモン果汁	小さじ2
サラダ油	大さじ1

作り方

❶ フライパンにサラダ油、にんにくを中火で熱し、香りが立ったらキャベツ、酒、塩、こしょうを加えて炒める。

❷ キャベツが少ししんなりしたら鶏塩台湾ミンチを加えてさっと炒め、レモン果汁を加えて手早く炒め合わせる。器に盛り、好みでレモンの輪切りを飾る。

鶏塩台湾アジアンサラダ

鶏塩ミンチ

春雨とあえてヤムウンセン風

材料(2人分)

鶏塩台湾ミンチ	40g
A すし酢	大さじ3
レモン果汁	大さじ1
砂糖、ナンプラー	各小さじ1
春雨	40g
シーフードミックス	60g
トマト（くし形切り）	½個分
玉ねぎ（薄切り）	¼個分
セロリ（薄切り、葉はざく切り）	15g
パクチー（ざく切り）	1株
ピーナッツ	適量

作り方

❶ ボウルにAを混ぜる。

❷ 熱湯で春雨を袋の表示通りにゆでて湯をきり、❶に加えてあえる。続けてシーフードミックスをゆで、火が通ったら湯をきり、❶に加えてあえる。

❸ 鶏塩台湾ミンチとすべての野菜を加えて全体をあえ、器に盛り、刻んだピーナッツを散らす。

春雨は温かいうちにあえると、味がよく染みます。

台湾コロッケ
ポテトの甘味にピリ辛ミンチが合う

材料(2人分)
台湾ミンチ	45g
じゃがいも	大1個（200g）
A 水	大さじ1
砂糖	小さじ1
和風だしの素	小さじ¼
B 小麦粉	40g
水	大さじ5
パン粉、揚げ油	各適量

作り方

❶ じゃがいもは熱湯で柔らかくなるまでゆでて湯をきり、皮を除く。ボウルに入れて粗めにつぶし、台湾ミンチとAを加えて混ぜる。粗熱がとれたら4等分の俵形にととのえ、ラップをかけてしっかりと冷ます。

❷ Bを混ぜてバッター液を作り、❶にまとわせてパン粉をまぶす。

❸ 高温（約190℃）の揚げ油で❷を2～3分揚げ、油をきる。好みでキャベツのせん切りやパセリとともに器に盛る。

青菜炒め
中華の鉄板メニューを鶏塩台湾ミンチで

鶏塩ミンチ

材料（2人分）

鶏塩台湾ミンチ	40g
チンゲン菜	2株（140g）
にんにく（みじん切り）	小さじ1
しょうが（みじん切り）	小さじ¼
A 干しエビ	ひとつまみ（1g）
鶏ガラスープの素	小さじ½
湯	50mℓ
ごま油	小さじ1
水溶き片栗粉（片栗粉、水各小さじ½）	
サラダ油	大さじ1

作り方

① チンゲン菜は根元の固い部分を切り落とし、根元から放射状に4～6等分に切る。

② フライパンにサラダ油、にんにく、しょうがを中火で熱し、香りが立ったら①、鶏塩台湾ミンチを加えてさっと炒める。

③ 混ぜたAを加えて強めの中火で30～40秒炒め、ごま油を加えてさっと混ぜる。水溶き片栗粉を加えてとろみをつけ、器に盛る。

チンゲン菜はさっと炒めて歯ごたえを残して。先にチンゲン菜を渦巻状に盛り付けた後、フライパンに残ったミンチをのせると、写真のように中華料理店みたいな盛り付けができますよ。

台湾ミンチで **おかず**

041

長いもの鶏塩台湾カレー炒め

長いもとエリンギのWシャキシャキ食感

鶏塩ミンチ

材料(2人分)

鶏塩台湾ミンチ	40g
長いも	250g
エリンギ	1本 (40g)
しょうが(みじん切り)	小さじ1
A 湯、酒	各大さじ1
カレー粉	小さじ1
和風だしの素	小さじ½
こしょう	少々
サラダ油	大さじ1½

作り方

❶ 長いもは5〜6cm長さの短冊切りにする。エリンギは長いもの大きさに合わせて切る。

❷ フライパンにサラダ油、しょうがを中火で熱し、香りが立ったら❶を加えて強火にし、焼き目をつけながら1〜2分炒める。

❸ 鶏塩台湾ミンチとAを混ぜて❷に加え、さっと炒め合わせる。

豆苗の鶏塩台湾炒め

炒め時間は約1分！ 即席おかず

鶏塩ミンチ

台湾ミンチで おかず

材料（2人分）

鶏塩台湾ミンチ ……………… 45g
しょうが（みじん切り）……… 小さじ¼
豆苗 …………………………… 1袋
A │ 湯 ……………………… 50mℓ
　 │ 鶏ガラスープの素 …… 小さじ1
ごま油 ………………………… 小さじ½
サラダ油 ……………………… 大さじ1

作り方

❶ フライパンにサラダ油、しょうがを強火で熱し、豆苗、混ぜたAを加えて約1分炒める。鶏塩台湾ミンチ、ごま油を順に加え、その都度さっと炒め合わせる。

鶏塩台湾しりしり

撮影時にスタッフから大好評

鶏塩ミンチ

材料(2人分)

鶏塩台湾ミンチ	45g
溶き卵	2個分
にんじん（せん切り）	½本分
醤油、白すりごま	各小さじ1
ごま油	小さじ1
塩	少々
サラダ油	大さじ2

作り方

❶ フライパンにサラダ油大さじ1を中火で熱し、溶き卵を流し入れて炒り卵にし、いったん取り出す。

❷ 続けてフライパンに残りのサラダ油を中火で熱し、にんじんを炒める。少ししんなりしたら醤油を加えてさっと混ぜ、鶏塩台湾ミンチ、❶、白すりごま、ごま油を加えて炒め合わせ、塩で味をととのえる。

台湾お好み焼き
ミンチのうま味で、だし不要！

材料(直径13cm1枚分)

台湾ミンチ	40g
切り餅	1個
A 卵	1個
小麦粉	小さじ2
水	大さじ1
キャベツ（せん切り）	70g
長ねぎ（小口切り）	大さじ2
サラダ油、お好み焼きソース、マヨネーズ、青のり粉	各適量

作り方

❶ 餅は横5mm幅に切ってから、長さを半分に切る。

❷ ボウルにAを混ぜ、台湾ミンチ、キャベツ、長ねぎを加えて混ぜる。

❸ フライパンにサラダ油を薄くひいて中火で熱し、❷を流し入れて丸く広げ、餅を重ならないようにのせる。焼き目がついたら裏返してふたをし、弱火で火が通るまで焼く。器に盛り、お好み焼きソース、マヨネーズをかけ、青のり粉をふる。

045

台湾だし巻き卵

弁当のおかずにもおすすめ

台湾ミンチ

材料(1人分)

台湾ミンチ	30g
A 卵	2個
水	大さじ2
和風だしの素	小さじ¼
ニラ（ざく切り）	2本分
サラダ油	適量

作り方

❶ ボウルにAをよく混ぜ、台湾ミンチ、ニラを加えて混ぜる。

❷ 卵焼き器にサラダ油を中火で熱し、❶の⅓量を流し入れる。菜箸で数回混ぜながら焼き、半熟になったら奥から手前に巻く。

❸ 巻いた卵を奥に移し、卵焼き器の空いたところにサラダ油を薄くひき、残りの卵液の半量を流し入れ、巻いた卵の下にも卵液を流し入れて、❷と同様に焼く。

❹ 残りの卵液も加えて同様に焼き、取り出す。粗熱がとれたら食べやすい大きさに切り、器に盛る。

なすの台湾みそ炒め

なすと油は間違いない好相性

台湾ミンチで　おかず

材料（2人分）

台湾ミンチ	30g
なす	2本（250g）
にんにく（粗みじん切り）	1片分
しょうが（みじん切り）	小さじ1
A 甜麺醤	25g
湯	小さじ2
長ねぎ（白い部分・みじん切り）	大さじ2
ごま油	少々
サラダ油	大さじ3

作り方

❶ なすはヘタを除いて縦半分に切り、皮に細かく斜めに切り目を入れてから、縦4等分に切る。耐熱ボウルに入れて水大さじ2（分量外）を加え、ラップをかけて600Wの電子レンジで約3分加熱し、ザルにあける。

❷ フライパンにサラダ油、にんにく、しょうがを中火で熱し、香りが立ったら混ぜたA、台湾ミンチを加える。再び香りが立ったら❶、長ねぎ、ごま油を順に加え、その都度さっと炒め合わせる。

なすは素揚げにしてもいいけれど、電子レンジで加熱すると、手軽にふんわりジューシーな食感にできます。

台湾きのこ
パングラタン

甘味、辛味、塩味が絶妙なバランス

台湾ミンチ

材料(2人分)

台湾ミンチ	90g
まいたけ（ほぐす）	60g
玉ねぎ（みじん切り）	30g
A　ホワイトソース（市販品）	150g
牛乳	100ml
食パン（6枚切り）	1枚
ピザ用チーズ	60g
バター	10g

作り方

❶ フライパンにバターを中火で溶かし、まいたけ、玉ねぎを炒める。火が通ったら混ぜたAを加えてとろみがつくまで煮る。

❷ グラタン皿に食パンをひと口大にちぎり入れ、❶をかけてチーズを散らし、台湾ミンチをのせる。オーブントースターで約5分、焼き色がつくまで焼く。

鶏塩台湾アボカドパングラタン

アボカドで辛味がマイルドになる

台湾ミンチで おかず

鶏塩ミンチ

材料(2人分)

鶏塩台湾ミンチ		90g
アボカド		2個
A	牛乳	90mℓ
	マヨネーズ	大さじ2
	塩	小さじ½
	こしょう	少々
食パン(6枚切り)		1枚
ピザ用チーズ		60g

作り方

❶ アボカドはペースト状につぶし、Aとよく混ぜ合わせる。

❷ グラタン皿に食パンをひと口大にちぎり入れ、❶をかけてチーズを散らし、鶏塩台湾ミンチをのせる。オーブントースターで約5分、焼き色がつくまで焼く。

台湾みそチーズ じゃんじゃん

中央のソースを野菜にからめながら食べよう

台湾ミンチ

材料(2～3人分)

台湾ミンチ	30g
赤パプリカ、黄パプリカ	各¼個
ブラウンマッシュルーム	2個
ミニトマト	2個
ズッキーニ	2～3cm
玉ねぎ	¼個
ブロッコリー	4房
A　ホワイトソース、牛乳	各35ml
みそ	小さじ1弱
ピザ用チーズ	60g
サラダ油	大さじ1

作り方

❶ 野菜は食べやすい大きさに切る。ブロッコリーは熱湯で柔らかくなるまでゆで、湯をきる。

❷ スキレット（フライパンでも可）にサラダ油を中火で熱し、❶をさっと焼く。野菜をスキレットの縁に寄せ、中央から混ぜたAを流し入れてチーズをのせ、ふたをして弱めの中火で4～5分煮る。

❸ チーズが溶けて野菜に火が通ったら火を止め、中央に台湾ミンチをのせる。

台湾ミンチで　おかず

鶏塩台湾とろとろ春巻き

鶏塩ミンチ

あんがからむ具材とパリパリの皮の名コンビ

材料(2人分)

鶏塩台湾ミンチ（油をきったもの）	60g
たけのこ（水煮・細切り）	30g
しいたけ（薄切り）	2個
しょうが（みじん切り）	小さじ1
A　湯	200ml
砂糖	小さじ1
うま味調味料	小さじ1/2
鶏ガラスープの素	小さじ1/4
水溶き片栗粉（片栗粉、水各大さじ2）	
春巻きの皮	6枚
大葉	3枚
サラダ油	大さじ1
揚げ油	適量

作り方

❶ フライパンにサラダ油を中火で熱し、たけのこ、しいたけ、しょうが、鶏塩台湾ミンチを炒める。油がまわったら混ぜたAを加えて約1分煮る。水溶き片栗粉を加え、とろみがついたら強火にし、混ぜながらさらに約1分煮る。バットに広げ入れて冷ます。

❷ 春巻きの皮で❶のあんを包んで水でとめる。6本のうち3本は、大葉を1枚ずつ一緒に包む。

❸ ❷を中温（約180℃）の揚げ油で2～3分、時々返しながらカラリと揚げて油をきる。

春巻きのあんのとろみは、餅状になってヘラで持ち上がるくらい強めにつけるのがポイント。とろみが弱いと感じたら、水溶き片栗粉を増やして様子をみてください。

Column

台湾ミンチで簡単アレンジ
コンビニやスーパーの市販品をよりおいしく

新山流 寿がきやみそ煮込うどん
にんにくをガツンときかせたパワーみそうどん

台湾ミンチ

材料(1人分)
台湾ミンチ……………………………25g
寿がきや みそ煮込うどん（インスタント袋麺）
……………………………………1袋
にんにく（薄切り）……………………2片分
ニラ（ざく切り）……………………1本分
長ねぎ（1cm幅の斜め切り）………適量
溶き卵…………………………………1個分

作り方
❶ みそ煮込うどんを袋の表示通りに作る。その際、付属のスープとともににんにく、ニラ、長ねぎを加える。仕上げに溶き卵を回し入れてさっと煮て、台湾ミンチをのせる。

台湾ミンチで 簡単アレンジ

サッポロ一番台湾らーめん
お腹いっぱいでも、これは別腹！

台湾ミンチ

材料(1人分)
台湾ミンチ……………………………… 45g
サッポロ一番 塩らーめん（袋麺）……… 1袋
長ねぎ（小口切り）……………………… 適量

作り方
❶ 塩らーめんを袋の表示通りに作り、器に盛る。台湾ミンチをのせて付属のごまをふり、長ねぎを散らす。

053

Column

台湾ピザ
具を増し増しにしてボリュームたっぷり

台湾ミンチ

材料(1人分)

台湾ミンチ（または鶏塩台湾ミンチ）
　（油をきったもの） ……………………… 30g
ソーセージピザ（直径約21cm、チルドピザ）
　……………………………………………… 1枚
ズッキーニ（薄切り） …………………… 5枚
トマト（角切り） ………………………… 適量
ピザ用チーズ ……………………………… 30g

作り方

❶ ソーセージピザに台湾ミンチ、ズッキーニ、トマト、チーズを順に散らし、袋の表示通りに焼く。器に盛り、好みでパセリのみじん切りを散らす。

Part
4

台湾ミンチでおつまみ

ミンチをのせたり、かけたり、
混ぜ合わせたり…。
飲みたい時にもあと一品欲しい時にも
すぐできる！

ヘルシー担々えのき

あえるだけで、高級店の味!

台湾ミンチ

台湾ミンチで **おつまみ**

材料(2人分)

台湾ミンチ……………………………… 25g
えのきだけ …………… 1パック（約200g）
A│すし酢、ねりごま …… 各大さじ2
　│レモン果汁 ………………… 小さじ1
　│おろしにんにく ………………… 少々
ミックスナッツ ……………………… 適量

作り方

① えのきだけは石づきを除いてほぐし、熱湯でさっとゆでて湯をきり、粗熱をとる。温かいうちに水気を軽くしぼり、混ぜたAとあえる。

② 器に盛り、台湾ミンチをのせ、砕いたミックスナッツを散らす。

台湾もやしナムル

あっさりナムルにミンチがよくからむ

台湾ミンチ

材料(2人分)

台湾ミンチ	45g
豆もやし	½袋(100g)
A ごま油	小さじ1
醤油、砂糖	各小さじ½
長ねぎ（小口切り）	適量

作り方

❶ もやしは熱湯でゆでて湯をきり、温かいうちにAとあえる。器に盛り、長ねぎ、台湾ミンチを順にのせる。

豆もやしだと食べ応えがありますが、普通のもやしでもおいしいですよ。

台湾ニラもやし

ビールに合う！ ミンチとニラ、もやしの炒め物

台湾ミンチで **おつまみ**

材料(2人分)

台湾ミンチ……………………… 60g
にんにく（みじん切り）……… 小さじ2
もやし…………………………… 1袋
ニラ（ざく切り）……………… 7本分
A│酒…………………………… 小さじ2
　│醤油………………………… 小さじ1½
　│鶏ガラスープの素………… 小さじ1
　│おろししょうが…………… 小さじ½
　│ごま油、こしょう………… 各少々
水溶き片栗粉（片栗粉、水各小さじ1）
サラダ油………………………… 大さじ2

作り方

❶ フライパンにサラダ油、にんにくを中火で熱し、香りが立ったらもやし、ニラ、混ぜたAを加えて炒める。

❷ 野菜が少ししんなりしたら、台湾ミンチを加えてさっと炒め合わせ、水溶き片栗粉を加えてとろみをつける。器に盛り、好みで糸唐辛子をのせる。

焼きなすの台湾ミンチのせ

ミンチの油を吸ったなすがウマい！

台湾ミンチ

材料(2人分)

台湾ミンチ	50〜60g
なす	1本
ミニトマト	2〜3個
ピザ用チーズ	適量

作り方

❶ なすは2〜3cm厚さの輪切りにし、切り口の片面に格子状に切り込みを入れる。ミニトマトは薄い輪切りにする。

❷ なすの切り込みの面を上にして耐熱皿に並べ、それぞれ台湾ミンチ（なす1切れに対し、約10g）、チーズ、ミニトマトを等分して順にのせる。

❸ オーブントースターで約9分、なすに火が通るまで焼き、器に盛る。

オーブントースターで焼いている途中でチーズが焦げてきたら、アルミホイルをかぶせよう。

半熟ゆで卵
マヨ台湾がけ

マヨネーズでマイルドな辛さに

台湾ミンチで **おつまみ**

材料(2人分)

台湾ミンチ	20g
ゆで卵（半熟）	2個
A 長ねぎ（みじん切り）	小さじ1
しょうが（みじん切り）、醤油	各小さじ½
マヨネーズ	大さじ1弱（10g）
万能ねぎ（小口切り）	適量

作り方

❶ ゆで卵は半分に切り、切り口を上にして器に盛る。

❷ 台湾ミンチとAを混ぜ、等分して❶にかけ、万能ねぎを散らす。

台湾ミンチトマトディップ

トマトケチャップの酸味がいい仕事してる！

台湾ミンチ

材料(2人分)

台湾ミンチ	30g
フライドポテト（冷凍）	200g
A　長ねぎ（みじん切り）	大さじ½
トマトケチャップ	大さじ3
マヨネーズ	小さじ1
揚げ油	適量

作り方

❶ フライドポテトは袋の表示通りに揚げ油でカラリと揚げ、油をきって器に盛る。

❷ 台湾ミンチとAを混ぜ、❶に添える。

鶏塩台湾じゃがバター
パンチのきいたじゃがバターが誕生

鶏塩ミンチ

台湾ミンチで おつまみ

材料(2人分)
鶏塩台湾ミンチ	25g
じゃがいも	大1個
バター	10g
粗挽き黒こしょう	適量

作り方

❶ じゃがいもは皮つきのまま熱湯で柔らかくなるまでゆで、湯をきる。十字に切り込みを入れて器に盛る。

❷ 鶏塩台湾ミンチ、バターを順にのせ、黒こしょうをふる。

063

台湾やっこ

ミンチと甜麺醤がマッチした中華風やっこ

台湾ミンチ

材料(2人分)

台湾ミンチ	25g
絹豆腐	1/2丁(約180g)
ごま油	適量
A 甜麺醤、水	各小さじ1
B 長ねぎ(みじん切り)	大さじ1
おろししょうが	小さじ1/2
万能ねぎ(小口切り)	適量

作り方

① 豆腐は厚みを半分に切ってから4等分に切る。器に盛り、ごま油、混ぜたAを順にかける。

② 台湾ミンチとBを混ぜ、等分して①にのせ、万能ねぎを散らす。

台湾ミンチで **おつまみ**

065

万能ねぎの鶏塩台湾グリル

ぶっかけて焼くだけの即席つまみ

鶏塩ミンチ

材料(2人分)

鶏塩台湾ミンチ	30g
万能ねぎ	½束

作り方

❶ 万能ねぎは長さを4～5等分して耐熱容器に入れ、鶏塩台湾ミンチをのせる。

❷ オーブントースターで4～5分、万能ねぎが少し色づくまで焼く。

鶏塩チーズの
しいたけステーキ

肉厚のしいたけから広がるうま味がたまらん！

鶏塩ミンチ

台湾ミンチで　**おつまみ**

材料(2人分)

鶏塩台湾ミンチ（油をきったもの）
　……………………………… 35g
しいたけ …………………… 4個
スライスチーズ（溶けるタイプ）… 1枚
マヨネーズ ………………… 小さじ2

作り方

❶ しいたけは軸を除く。スライスチーズは4等分に切る。

❷ しいたけのかさの裏側にスライスチーズをのせる。続けて鶏塩台湾ミンチとマヨネーズを混ぜ、等分してのせる。

❸ ❷を耐熱容器に並べ、中火に熱した魚焼きグリルで約5分焼く。

しいたけの軸は、かさの方へ少し食い込むようにして切り取ると、具がのせやすくなります。

台湾アヒージョ

ミンチの油分を生かしてサラリとした口当たりに

台湾ミンチ

台湾ミンチで **おつまみ**

材料(2人分)

台湾ミンチ	大さじ2
ゆでダコ	60g
ブロッコリー	3房(25g)
にんにく	2片
A　こめ油(またはサラダ油)	100mℓ
湯	大さじ1½
鶏ガラスープの素	小さじ1
バゲット	適量

作り方

① タコ、ブロッコリーは小さめのひと口大に切る。にんにくはつぶす。

② 耐熱容器に台湾ミンチとAを混ぜ、①を加える。中火に熱した魚焼きグリルで約5分焼き、取り出してバゲットを添える。

作り置いた台湾ミンチにラー油が残っていたら多めに入れ、その分こめ油の量を減らすとミンチのうま味がより味わえます。

スナック油揚げの台湾ミンチのせ

サクサクの油揚げにミンチソースをのせて

台湾ミンチ

材料（2人分）

台湾ミンチ	30g
油揚げ（正方形）	2個
A　玉ねぎ（みじん切り）	10g
トマトソース（市販品）	大さじ2
砂糖	小さじ1弱（2g）

作り方

❶ 油揚げは厚みを半分に切って重ならないように耐熱皿に並べ、ラップをかけずに600Wの電子レンジで2分〜2分30秒加熱して冷ます。切り口を上にして器に盛る。

❷ 台湾ミンチとAを混ぜ、❶に等分してのせる。好みでパセリのみじん切りを散らす。

油揚げは電子レンジで加熱後、冷ますことでパリッとしてサクサクした食感になります。

台湾ミンチワカモレ

ミンチのうま味で味が簡単に決まる！

材料(2人分)

台湾ミンチ	60g
アボカド	1/4個（正味40g）
A 玉ねぎ（みじん切り）	10g
マヨネーズ	大さじ1/2
砂糖	小さじ1
レモン果汁	小さじ1/2
粗挽き黒こしょう	適量
トルティーヤチップス	適量

作り方

❶ アボカドはペースト状につぶし、台湾ミンチとAを加えて混ぜる。

❷ 器にトルティーヤチップスを盛り、❶を添える。

鶏塩台湾温やっこ
ザクザクの餃子の皮が食感のアクセントに

材料(2人分)

鶏塩台湾ミンチ	30g
餃子の皮	7〜8枚
木綿豆腐	½丁（約180g）
A 醤油	小さじ1
おろししょうが、ごま油	各小さじ½
長ねぎ（みじん切り）	少々
揚げ油	適量

作り方

❶ 餃子の皮は細切りにし、中温（約170℃）の揚げ油にほぐし入れ、カラリとするまで2〜3分揚げて油をきる。

❷ 豆腐は厚みを半分に切り、熱湯で温かくなるまでゆでて湯をきり、ボウルに入れる。Aを加えて豆腐をざっくりと崩しながらあえ、器に盛る。長ねぎ、鶏塩台湾ミンチ、❶を順にのせる。

台湾餃子（P24）で余った餃子の皮を使って。台湾餃子の副菜にもおすすめ。

台湾ミンチで **おつまみ**

鶏塩ミンチ

刻み野菜の鶏塩台湾カレーミンチ

たっぷりのミンチをレタスで包んで食べて

材料(2人分)

A
- 鶏塩台湾ミンチ……………………… 60g
- 玉ねぎ(みじん切り)………………… 大さじ2
- ピーマン(みじん切り)……………… 1個分
- ミニトマト(みじん切り)…………… 3個分
- みそ……………………………………… 小さじ1
- カレー粉、しょうが(みじん切り)
  ……………………………………… 各小さじ½

レタス…………………………………………… 適量

作り方

❶ Aはよく混ぜ合わせ、器に盛り、レタスを添える。

材料は味に一体感が出るようによく混ぜて。そのまま食べてもおいしいし、バゲットやクラッカーにも合います。

台湾たません
名古屋のローカルおやつも台湾ミンチで

台湾ミンチ

材料(1個分)

A｜台湾ミンチ（油をきったもの）
　　　　　　　　　　　　　　 15g
　｜卵 ──────────── 1個
エビせんべい ─────────── 1枚
とんかつソース、マヨネーズ、
　青のり粉、サラダ油 ──── 各適量

作り方

❶ フライパンにサラダ油を中火で熱し、混ぜたAを流し入れ、薄焼き卵にして取り出す。

❷ エビせんべいに❶をのせ、とんかつソース、マヨネーズをかけて、青のり粉を散らす。

Part 5

台湾ミンチで
ご飯

チャーハン、おにぎり、リゾットなど
和洋中のバリエーション豊富なレシピです。

台湾オムライス
店で出したいほどトマトソースが自信作！

台湾ミンチ

材料(1人分)

【台湾ミンチライス】

A	台湾ミンチ	15g
	温かいご飯	180g
	トマトケチャップ	大さじ3強（40g）
	玉ねぎ（みじん切り）	大さじ2
	塩	小さじ¼
	こしょう	少々
サラダ油		小さじ1

【卵焼き】

B	卵	2個
	牛乳	小さじ1
	塩	少々
サラダ油		小さじ1

【ソース】

台湾ミンチ	30g
玉ねぎ（みじん切り）、パセリ（みじん切り）	各小さじ1
ミニトマト（ざく切り）	3個分
トマトケチャップ	大さじ1½強（30g）
オリーブ油	小さじ2

作り方

❶ 台湾ミンチライスを作る。フライパンに
サラダ油を中火で熱する。Aをよく混ぜ
てフライパンに入れ、ほぐしながら1分
30秒〜2分炒め、器に盛る。

❷ 卵焼きを作る。フライパンをきれいにし、
サラダ油を中火で熱する。混ぜたBを流
し入れ、菜箸で混ぜながら半熟に焼いて
❶にのせる。ソースのすべての材料を混
ぜてかける。

台湾ミンチでごはん

077

台湾チャーハン
台湾ミンチがピリッときいてる

台湾ミンチ

材料(1人分)

A	台湾ミンチ	30g
	温かいご飯	180g
	サラダ油	小さじ2
	和風だしの素	小さじ1
	鶏ガラスープの素	小さじ½
	うま味調味料、こしょう	各少々
溶き卵		1個分
長ねぎ（小口切り）		大さじ1
サラダ油		大さじ1½

作り方

❶ ボウルにAを混ぜて溶き卵の半量を加え、ご飯のだまがなくなるまで菜箸でよく混ぜる。

❷ フライパンにサラダ油を強めの中火で熱し、残りの溶き卵を流し入れて菜箸で炒める。❶と長ねぎを加えて1分～1分30秒炒め、仕上げに水小さじ1（分量外）を加えてさっと炒め合わせる。

> 盛り付けは、お椀にチャーハンを入れ、皿をかぶせて上下を返し、パカーン！とお椀をとれば、中華お玉がなくてもこの通りきれいに。

鶏塩台湾バジルチャーハン

鶏塩台湾ミンチとバジルの奇跡の出合い

材料(1人分)

A	鶏塩台湾ミンチ	30g
	温かいご飯	180g
	バジル（粗みじん切り）	2枚分
	長ねぎ（みじん切り）	大さじ1
	サラダ油	小さじ2
	鶏ガラスープの素	小さじ1
	和風だしの素	小さじ½
	こしょう	ひとつまみ
溶き卵		1個分
バジル（トッピング用）		3〜4枚
サラダ油		大さじ1½

作り方

❶ ボウルにAを混ぜて溶き卵の半量を加え、ご飯のだまがなくなるまで菜箸でよく混ぜる。

❷ フライパンにサラダ油を強めの中火で熱し、残りの溶き卵を流し入れて菜箸で炒める。❶を加えて1分〜1分30秒炒め、仕上げに水小さじ1（分量外）を加えてさっと炒める。器に盛り、バジルをちぎって散らす。

最初にサラダ油や調味料を混ぜておくこと、そして仕上げに水を加えることが、チャーハンをパラパラにするコツ！

台湾まぜめし
コク旨台湾ミンチをストレートに味わう

台湾ミンチ

台湾ミンチで ごはん

材料(1人分)

台湾ミンチ	30g
温かいご飯	180g
A　台湾まぜそばのタレ（P13）	小さじ4
かつおの削り節	ひとつまみ
サラダ油、湯	各小さじ2
白すりごま	小さじ1
鶏ガラスープの素	小さじ¼
こしょう	少々
ニラ（小口切り）	1本分
長ねぎ（小口切り）	15g
にんにく（粗みじん切り）	1片分
卵黄	1個
もみ海苔	適量

作り方

① 器にご飯を盛る。

② Aのかつおの削り節は手でもんで細かくし、残りのAの材料と混ぜてご飯にかける。台湾ミンチをのせ、ニラ、長ねぎ、にんにく、卵黄、海苔をトッピングする。

> 魚粉の代わりに、かつおの削り節をもんで細かくして加えて。全体をよく混ぜて食べよう。

台湾雑炊

優しい味わいの雑炊に鶏のうま味が合う

台湾ミンチ

材料(1人分)

台湾ミンチ		25g
卵		1個
A	温かいご飯	130g
	湯	200ml
	醤油、和風だしの素	各小さじ1
三つ葉（ざく切り）		4本分

作り方

❶ 卵はボウルに割り入れ、菜箸で3回ほど混ぜてほぐす。

❷ 小鍋にAを入れてご飯をほぐし、中火にかける。フツフツとしてきたら弱火にし、とろみが出るまで煮る。❶を回し入れ、半熟になったら火を止め、器に盛る。台湾ミンチをのせ、三つ葉を添える。

卵は混ぜすぎないで！ふんわり仕上げるコツです。

鶏塩台湾豆乳リゾット

豆乳の甘味に、鶏塩台湾ミンチがいいスパイスに

鶏塩ミンチ

材料(1人分)

鶏塩台湾ミンチ	30g
A 豆乳	200mℓ
玉ねぎ（みじん切り）	大さじ1½
みそ、鶏ガラスープの素	各小さじ1
塩	少々
温かいご飯	130g
塩、粗挽き黒こしょう	各適量

作り方

❶ 小鍋にAを混ぜ、中火にかける。フツフツとしてきたらご飯を加えてほぐし、弱火にしてとろみが出るまで煮る。

❷ 鶏塩台湾ミンチを加え、再びフツフツとしたらさらに約1分煮て、塩で味をととのえる。器に盛り、黒こしょうを散らす。

台湾天津飯
和製中華と台湾ミンチのコラボめし

台湾ミンチ

材料(1人分)

台湾ミンチ		30g
温かいご飯		150g
A	卵	2個
	塩	少々
B	湯	150mℓ
	砂糖	小さじ1½
	醤油、鶏ガラスープの素	各小さじ1
水溶き片栗粉(片栗粉、水各小さじ2)		
ごま油		小さじ½
サラダ油		大さじ1½

作り方

❶ 器にご飯を盛る。

❷ フライパンにサラダ油を中火で熱する。混ぜたAの大さじ1を取り置き、残りをフライパンに流し入れる。菜箸で混ぜながら半熟に焼き、❶にのせる。

❸ 続けてフライパンにBを入れて中火にかけ、フツフツとしてきたら水溶き片栗粉を加える。とろみがついたら強火にし、混ぜながら約1分煮て火を止める。取り置いた卵液、ごま油を順に回し入れてその都度さっと混ぜる。❷にかけ、台湾ミンチをのせる。

取り置いた卵液を中華あんに加えると仕上がりがきれいになります。

鶏塩大葉あんの天津飯

鶏塩台湾ミンチと大葉、卵が渾然一体のウマさ

鶏塩ミンチ

台湾ミンチで　ごはん

材料(1人分)

鶏塩台湾ミンチ		60g
温かいご飯		150g
A	卵	2個
	塩	少々
B	湯	150mℓ
	鶏ガラスープの素	小さじ1
	醤油	少々
水溶き片栗粉(片栗粉、水各小さじ2)		
大葉(みじん切り)		7枚分
サラダ油		大さじ1

作り方

❶ 器にご飯を盛る。

❷ フライパンにサラダ油を中火で熱し、混ぜたAを流し入れ、菜箸で混ぜながら半熟に焼き、❶にのせる。

❸ 続けてフライパンに鶏塩台湾ミンチとBを混ぜ、中火にかける。フツフツとしてきたら水溶き片栗粉を加え、とろみがついたら強火にし、混ぜながら約1分煮る。大葉を加えてさっと煮たら❷にかける。

中華料理店のようなテリを出したい場合は、あんをかけた後、サラダ油を小さじ2ほど回しかけよう。

くずし豆腐の台湾丼

さっぱり食べられる豆腐丼

台湾ミンチ

台湾ミンチで **ごはん**

材料(1人分)

台湾ミンチ	………………………	30g
木綿豆腐	………………………	¼丁（約90g）
A	みそ ………………………	小さじ2弱
	砂糖 ………………………	小さじ½
	かつおの削り節 ………	½袋
温かいご飯	………………………	180g
きゅうり（薄切り）、みょうが（薄切り）		
	………………………	各適量

作り方

❶ 豆腐は熱湯で温まるまでゆで、湯をきっ
てボウルに入れる。混ぜたAを半量加え、
豆腐を細かめに崩しながら混ぜ、残りの
Aを加えてあえる。

❷ 器にご飯、❶、台湾ミンチを順にのせ、
きゅうりとみょうがを添える。

台湾キムパ
韓国風海苔巻きも作り置きミンチで手軽に

材料(1本分)

台湾ミンチ（油をきったもの）	30g
にんじん	50g
塩	少々
きゅうり	1/4本
プロセスチーズ	1切れ（約50g）
板海苔（全形）	1枚
温かいご飯	200g
グリーンリーフ	1枚
たくあん（細切り）	適量

作り方

❶ にんじんはせん切りにし、塩もみして水気をしぼる。きゅうり、チーズは細切りにする。

❷ 巻きすの上に海苔を置き、手前から3/4までご飯をのせ広げる。手前にグリーンリーフ、たくあん、❶、台湾ミンチをのせて手前からきつく巻く。

❸ 巻きすから取り出し、食べやすい大きさに切って器に盛る。

巻きすで巻いた後、しばらく置いてなじませると、切り分けやすくなりますよ。

鶏塩台湾マヨおにぎり

具だくさんの贅沢おにぎり

鶏塩ミンチ

材料(2個分)

- A
  - 鶏塩台湾ミンチ（油をきったもの） ……… 30g
  - マヨネーズ ……………………………… 大さじ2
  - かつおの削り節 ………………… 1袋（約2g）
  - 白いりごま …………………………… 小さじ½
- B
  - 卵 ………………………………………… 1個
  - 塩 ………………………………………… 少々
- 温かいご飯 ……………………………… 170g
- 塩 …………………………………… ひとつまみ
- 板海苔 ………………………………………… 適量
- サラダ油 ……………………………… 小さじ2

作り方

❶ Aはよく混ぜる。

❷ フライパンにサラダ油を中火で熱し、混ぜたBを流し入れて炒り卵にし、ボウルに入れる。ご飯、塩を加えて混ぜる。

❸ ❷の半量を手に取り、❶を小さじ1強のせて三角形ににぎる。残りも同様ににぎる。おにぎりに板海苔を巻き、残りの❶を等分してのせる。

鶏塩台湾親子丼

鶏塩台湾ミンチは、和風だしにも超絶合うんです

鶏塩ミンチ

材料(1人分)

鶏塩台湾ミンチ（油をきったもの）	30g
温かいご飯	180g
A 湯	100mℓ
和風だしの素	小さじ1½
醤油、砂糖	各小さじ1
玉ねぎ（薄切り）	¼個分
溶き卵	2個分
三つ葉（ざく切り）	2〜3本分

作り方

❶ 器にご飯を盛る。

❷ フライパンにAと玉ねぎ、鶏塩台湾ミンチを入れて中火にかける。玉ねぎがしんなりしたら溶き卵を回し入れる。菜箸でゆっくり混ぜ、半熟になったら❶にかけ、三つ葉をのせる。

Part 6

台湾ミンチで麺

ラーメンはもちろん、パスタやそうめんにも
台湾ミンチは合うんです!

台湾担々麺

台湾ミンチを引き立てる濃厚絶品ごまスープ

台湾ミンチ

台湾ミンチで 麺

材料(1人分)

台湾ミンチ……20g
A ｜ 湯……250㎖
　｜ 白ねりごま……大さじ3〜4
　｜ 鶏ガラスープの素……小さじ2½
　｜ 白すりごま、ごま油……各小さじ2
　｜ 醤油、酢……各小さじ1
チンゲン菜……1枚
生ラーメン(細麺)……1玉(約130g)
玉ねぎ(粗みじん切り)……大さじ1
ピーナッツ、台湾ミンチのラー油、
　花椒(あれば)、粗挽き黒こしょう……各適量

作り方

❶ 小鍋にAを入れて中火にかけ、よく混ぜながら温める。

❷ チンゲン菜は熱湯で柔らかくゆでて湯をきる。生ラーメンは袋の表示より10秒短くゆでて湯をきり、器に盛り、❶をそそぐ。

❸ 台湾ミンチ、❷のチンゲン菜、砕いたピーナッツと玉ねぎをのせ、ラー油を回しかけ、花椒、黒こしょうをふる。

台湾ミンチの香味油はウマいラー油。作り置いたミンチの上の方にたまっているラー油をすくって回しかけて。なければ普通のラー油で代用を。

鶏塩そうめんチャンプルー

そうめんに鶏塩台湾ミンチの味をしっかり回して

材料(1人分)

- 鶏塩台湾ミンチ ………… 50g
- そうめん ………… 2束（100g）
- 溶き卵 ………… 1個分
- 長ねぎ（白い部分・みじん切り）………… 15g
- 干しエビ ………… ひとつまみ（1g）
- A ｜ 湯 ………… 50mℓ
  ｜ 和風だしの素 ………… 小さじ1
- サラダ油 ………… 小さじ2＋大さじ1

作り方

❶ そうめんは熱湯で袋の表示より30秒短くゆで、水にさらしてぬめりをとり、水気をしっかりきる。

❷ フライパンにサラダ油小さじ2を中火で熱し、溶き卵を流し入れて炒り卵にし、いったん取り出す。

❸ 続けてフライパンにサラダ油大さじ1、長ねぎ、干しエビを中火で熱し、香りが立ったら❶と❷、混ぜたAを加えて約1分炒める。鶏塩台湾ミンチを加えてさっと炒め合わせ、器に盛り、好みで三つ葉を添える。

鶏塩台湾の
きのこクリームパスタ

生クリームと鶏塩台湾ミンチの相性の良さに驚き！

鶏塩ミンチ

材料(1人分)

鶏塩台湾ミンチ	30g
まいたけ（みじん切り）	35g
ブラウンマッシュルーム（薄切り）	2個分
A 生クリーム、牛乳	各100mℓ
粉チーズ	大さじ2
スパゲッティ	100g
塩、粗挽き黒こしょう	各適量

作り方

❶ フライパンにまいたけ、マッシュルームを入れて中火にかけ、しんなりするまで乾煎りし、ブレンダーにAとともに入れ、ペースト状に攪拌する。

❷ スパゲッティは塩適量を加えた熱湯で袋の表示通りにゆで始める。

❸ フライパンに❶を入れて中火にかけ、温まったらゆで上がった❷の湯をきって加えてあえ、塩で味をととのえる。器に盛り、鶏塩台湾ミンチをのせ、黒こしょうをふる。

きのこ類は最初に炒めるひと手間が、香りを立たせておいしく仕上げるコツ！

台湾鉄板ナポリタン

名古屋の味・鉄板ナポリタンを台湾ミンチで

台湾ミンチ

材料(1人分)

台湾ミンチ		30g
スパゲッティ		100g
玉ねぎ (薄切り)		¼個分
ピーマン (縦細切り)		½個分
赤ウィンナー (斜め切り)		2個分
A	トマトケチャップ	大さじ3
	とんかつソース	大さじ1
	醤油	小さじ½
溶き卵		2個分
サラダ油		大さじ1

作り方

❶ スパゲッティは塩適量を加えた熱湯で袋の表示より30秒〜1分長くゆでて麺をもっちりさせ、湯をきって水にさらして水気をしっかり切る。

❷ フライパンにサラダ油を中火で熱し、玉ねぎ、ピーマン、ウィンナーを炒める。火が通ったら❶と混ぜたAを加えて炒め、味が回ったら台湾ミンチを加えてさっと炒め合わせる。

❸ 鉄板にサラダ油 (分量外) を薄くひき、中火にかける。鉄板が温まったら❷をのせ、麺の周りから溶き卵を流し入れて半熟になるまで焼く。

台湾ミンチで 麺

鶏塩台湾
バジリコスパゲッティ

鶏塩ミンチ

ピリ辛なバジルソースが新鮮！

台湾ミンチで **麺**

材料（1人分）

鶏塩台湾ミンチ	20g
スパゲッティ	100g
A バジル（みじん切り）	8枚分
パセリ（みじん切り）	2房分（8g）
玉ねぎ（みじん切り）	20g
にんにく（みじん切り）	小さじ1
オリーブ油	大さじ4
鶏ガラスープの素	小さじ1½
塩、バジル（飾り用）	各適量

作り方

① スパゲッティは塩適量を加えた熱湯で袋の表示通りにゆで始める。

② フライパンに鶏塩台湾ミンチとAを混ぜ入れて中火にかける。にんにくの香りが立ったら、ゆで上がった①の湯をきって加え、鶏ガラスープの素、①のゆで汁大さじ2を加えてさっと炒め合わせる。塩で味をととのえ、器に盛り、バジルを添える。

材料Aは包丁でできるだけ細かくみじん切りにしよう。一緒にフードプロセッサーにかけてもOK。

鶏塩台湾皿うどん

パリパリの極細麺に具がたっぷりのあんがからむ

鶏塩ミンチ

材料(1人分)

鶏塩台湾ミンチ	45g
皿うどん	1袋（100～130g）
白菜	1枚
ほうれん草	½株
きくらげ	3個
ピーマン	¼個
にんじん	10g
長ねぎ	5cm
しょうが（みじん切り）	少々
干しエビ	ひとつまみ（1g）
A　湯	150ml
鶏ガラスープの素	小さじ1
醤油	小さじ½
こしょう	少々
水溶き片栗粉（片栗粉、水各大さじ1）	
ごま油	適量
サラダ油	大さじ2

作り方

❶ 器に皿うどんを盛る。

❷ 白菜、ほうれん草、きくらげはざく切り、ピーマンは乱切り、にんじんは薄切り、長ねぎは1cm幅の斜め切りにする。

❸ フライパンにサラダ油、しょうが、干しエビを中火で熱し、❷を加えてさっと炒める。油が回ったら、鶏塩台湾ミンチとAを混ぜて加え、野菜に火が通るまで煮る。水溶き片栗粉を加えてとろみがついたら強火にして約1分煮立て、ごま油を回し入れて❶にかける。

台湾アラビアータ
ミンチの辛味が本領発揮で本格的なソースに

台湾ミンチで 麺

材料(1人分)

台湾ミンチ	40g
ペンネ	80g
にんにく(みじん切り)	小さじ½
玉ねぎ(薄切り)	¼個分
塩	ひとつまみ
A カットトマト缶	½缶(100g)
トマトケチャップ	大さじ1
オリーブ油	適量
バター	10g

作り方

❶ ペンネは塩適量を加えた熱湯で袋の表示通りにゆで始める。

❷ フライパンにバターを弱火で溶かし、にんにく、玉ねぎ、塩を加えて炒める。玉ねぎが色づいたら台湾ミンチとAを加えて混ぜ、中火で煮る。

❸ フツフツしてきたらゆで上がった❶の湯をきって加え、さっと炒め合わせて器に盛る。オリーブ油を回しかけ、好みでパセリのみじん切りを散らす。

台湾スパゲッチ
旨辛ミンチを味わうシンプルパスタ

台湾ミンチ

台湾ミンチで 麺

材料（1人分）

台湾ミンチ	45g
スパゲッティ	100g
玉ねぎ（細切り）	¼個分
ピーマン（乱切り）	¼個分
A　湯	大さじ2
和風だしの素	小さじ1強
塩、こしょう	各適量
卵黄	1個
サラダ油	大さじ1

作り方

① スパゲッティは塩適量を加えた熱湯で袋の表示通りにゆで始める。

② フライパンにサラダ油を中火で熱し、野菜を炒める。油が回ったら、ゆで上がった①の湯をきって加える。混ぜたAも加えてさっと炒め合わせ、塩、こしょうで味をととのえる。器に盛り台湾ミンチ、卵黄を順にのせる。

「元祖台湾カレー」で以前に出していたメニューです。こしょうは強めにふるのがおすすめ。

台湾焼きそば

ミンチがあれば居酒屋定番のメニューも手軽に再現

材料（1人分）

台湾ミンチ	45g
キャベツ（ざく切り）	30g
ニラ（ざく切り）	2本分
もやし	¼袋（50g）
中華蒸し麺	1玉
A 湯	50mℓ
和風だしの素	小さじ1
塩	適量
サラダ油	大さじ1

作り方

❶ フライパンにサラダ油を中火で熱し、野菜と麺を入れて約1分炒める。

❷ 混ぜたAを加えて強火にし、さっと炒めたら台湾ミンチを加える。汁気を飛ばしながら炒め合わせ、塩で味をととのえる。器に盛り、好みで花かつおをのせる。

Part 7

台湾ミンチでサンド

台湾ミンチとパンが衝撃の出合い！
挟むだけで味が決まります。

ホットサンド台湾チーズ

目玉焼きは半熟に焼くのがおすすめ

台湾ミンチ

台湾ミンチで **サンド**

材料（1人分）

台湾ミンチ（油をきったもの）	30g
卵	1個
食パン（10枚切り）	2枚
キャベツ（細切り）	30g
スライスチーズ（溶けるタイプ）	1枚
マヨネーズ、トマトケチャップ	各適量
サラダ油	適量

作り方

① フライパンにサラダ油を中火で熱し、卵を割り入れて両面焼きの目玉焼きを焼いて取り出す。

② 食パンは具を挟む側にマヨネーズを薄くぬる。食パン1枚にキャベツ、台湾ミンチ、①、チーズをのせ、トマトケチャップをかけて残りの食パンで挟む。

③ ホットサンドメーカーに②を入れて中火にかけ、途中上下を返しながら4〜5分焼いて取り出す。食べやすい大きさに切り、器に盛る。

台湾バターフライサンド

バターでカリッと焼くから風味がいい！

台湾ミンチ

材料(1人分)

- 台湾ミンチ(油をきったもの) ……… 20g
- 食パン(10枚切り) ……………………… 2枚
- トマト(薄切り) ………………………… 1/4個分
- スライスチーズ(溶けるタイプ) …… 1枚
- マヨネーズ、トマトケチャップ …… 各適量
- バター …………………………………… 10g

作り方

❶ 食パンは上下をまな板などで挟んで押してぺたんこにつぶし、耳を切り落とす。具を挟む側にマヨネーズを薄くぬる。

❷ 食パン1枚の手前半分に台湾ミンチ、トマト、チーズを半量ずつのせ、トマトケチャップをかけ、食パンを半分に折りたたんで挟む。食パンの端をフォークで押してくっつける。残りも同様に挟む。

❸ フライパンにバターを弱火で溶かし、❷を入れて途中裏返しながらこんがり色づくまで焼く。器に盛り、好みでパセリを添える。

パンの端をぐるりとフォークで押してくっつける際の裏技！ パンどうしがくっつきづらい場合は、水と小麦粉を1対1で混ぜたものをぬるとはがれにくくなります。

台湾ポテトサンド

ミンチの辛味がポテトの甘味を引き立てる

材料(1人分)

台湾ミンチ	30g
ポテトサラダ(市販品)	50g
食パン(10枚切り)	2枚
マヨネーズ、練りからし	各適量
レタス	2〜3枚
きゅうり(薄切り)	1/4本分

作り方

❶ 台湾ミンチにポテトサラダを加え、ポテトをつぶしながら練るようによく混ぜる。

❷ 食パンは具を挟む側にマヨネーズ、練りからしをぬる。パン1枚にレタス、❶、きゅうりをのせて残りの食パンで挟む。食べやすい大きさに切って器に盛る。

台湾ミンチとポテトサラダは味が一体化するようによく混ぜて。ポテトは少し形が残っているものがあると食感が楽しいです。

台湾ドッグ
簡単なのに間違いなくウマい！

材料（1人分）

台湾ミンチ（油をきったもの）	30g
ドッグパン	1個
サニーレタス	適量
卵サラダ（市販品）	大さじ4
白髪ねぎ	ひとつまみ

作り方

❶ ドッグパンの切り込みにレタス、卵サラダ、台湾ミンチを挟み、白髪ねぎをのせる。

ドッグパンの切り込みの左右を、それぞれ指で少し押し広げると、具がたっぷり挟めます。

鶏塩台湾ラップサンド
鶏塩台湾ミンチがおしゃれなカフェめしに

材料(1人分)

鶏塩台湾ミンチ(油をきったもの)	30g
アボカド	¼個
トマト	¼個
フラワートルティーヤ	1枚
レタス	2枚
マヨネーズ	適量

作り方

❶ アボカド、トマトは1cm幅のくし形に切る。

❷ クッキングペーパーをトルティーヤより大きく広げ、その上にトルティーヤを置く。中央にレタス、鶏塩台湾ミンチ、アボカド、トマトをのせ、マヨネーズをかける。

❸ トルティーヤの両端を内側に折り、手前からロールし、クッキングペーパーでキャンディ包みにする。ペーパーごと半分に切り、器に盛る。

トルティーヤが包みにくい場合は、少し加熱するといいです。加熱時間は袋の表示を参考に。

| 著者 | 新山直人

ラーメンを中心に展開する飲食企業「新山オールスターズ」
代表取締役。2008年に「麺屋はなび」を名古屋で創業、
開発した「台湾まぜそば」が大ヒットし、海外含め120店
舗以上を展開している。また、チャーハンを作る動画を
TikTokで配信、その鍋さばきがバズり、フォロワー221万
人を獲得。ほか、Instagram115万人など、SNSの総フォ
ロワー数370万人（2025年2月現在）を誇る。

TikTok　　@niiyamanaoto
Instagram　@niiyamanaoto
YouTube　　@niiyamanaoto

麺屋はなび 新山直人の
台湾ミンチ極限レシピ74

2025年3月27日 初版発行

著者	新山直人
発行者	山下直久
発行	株式会社KADOKAWA
	〒102-8177 東京都千代田区富士見2-13-3
	電話　0570-002-301（ナビダイヤル）
印刷・製本	TOPPANクロレ株式会社

本書の無断複製（コピー、スキャン、デジタル化等）並びに無断複製物の
譲渡および配信は、著作権法上での例外を除き禁じられています。また、
本書を代行業者等の第三者に依頼して複製する行為は、たとえ個人や家庭
内での利用であっても一切認められておりません。

〔お問い合わせ〕
https://www.kadokawa.co.jp/（「お問い合わせ」へお進みください）
※内容によっては、お答えできない場合があります。
※サポートは日本国内のみとさせていただきます。
※ Japanese text only

定価はカバーに表示してあります。
©Naoto Niiyama 2025　　Printed in Japan
ISBN 978-4-04-897828-6 C0077